clara

Kurze lateinische Texte
Herausgegeben von Hubert Müller

Heft 28

Sallusts »Bellum Iugurthinum«

Bearbeitet von Stefan Kliemt

Mit 6 Abbildungen

Vandenhoeck & Ruprecht

Inhalt

ISBN 978-3-525-71728-8

Gestaltung: Markus Eidt, Göttingen
Gesamtherstellung: ⊕ Hubert & Co, Göttingen

Gedruckt auf chlorfrei gebleichtem Papier.

Abbildungsnachweis: akg-images: 7, 11; akg-images/Erich Lessing: 27; Parlamentsdirektion/Bernd Zofall: 5; histoire-fr.com: 23;

Liebe Schülerin, lieber Schüler!

1921 hielt der Klassische Philologe Richard Heinze eine viel beachtete Rektoratsrede mit dem Titel *Von der Ursache der Größe Roms.*

Auch der römische Geschichtsschreiber Sallust (86–35 v.Chr.) hätte seine Werke mit dieser Überschrift versehen können, hätte dann aber noch hinzugefügt »... und was zur Zersetzung und zum Niedergang Roms beigetragen hat«.

Neben seinen nur zum Teil überlieferten *Historien* schrieb er auch zwei Monographien: *De coniuratione Catilinae*, die den innenpolitischen Putsch eines gewissen Catilina beschreibt, und das *Bellum Iugurthinum*, das den Krieg Roms gegen den nordafrikanischen König Jugurtha darstellt.

Diese Textausgabe verfolgt folgende Absichten:
- Zum einen möchte sie einen groben Überblick über den Verlauf des Krieges gegen Jugurtha bieten.
- Zum anderen will sie sprachliche und stilistische Eigenheiten Sallusts und deren Funktion aufzeigen.
- Schließlich will sie Sallust als ein Beispiel für moralisierende Geschichtsschreibung vorstellen, in der Charakterisierungen von Einzelpersonen oder Gruppierungen dazu dienen, altrömische Werte wie *virtus* und *concordia* aufzuzeigen.

Wir unterstützen Ihre Arbeit an den Texten folgendermaßen:
- Längere Sätze sind nach Sinneinheiten gesetzt.
- In der rechten Spalte sind die Vokabeln angegeben, die nicht zum Klett'schen Grundwortschatz gehören.
- Rot hervorgehoben sind entweder die Wörter des Aufbauwortschatzes oder die, die in der Textsammlung mehr als zweimal belegt sind. Sie sind als Lernvokabeln gedacht und werden nur bei ihrem ersten Vorkommen aufgeführt. Am Ende des Heftes sind sie noch einmal alphabetisch zusammengestellt.
- Ebenfalls finden Sie am Ende des Heftes ein Verzeichnis aller Namen, die im Text erwähnt werden.
- Fragen und Aufgaben helfen, die Texte zu verstehen und zu erschließen.
- Die Zusatztexte sollen in den Lesestücken aufgeworfene Probleme weiter vertiefen.
- Die Abbildungen bieten Ihnen weitere Zugangsmöglichkeiten zu den Texten.

1 Thema und Begründung

(Sallust, Bellum Iugurthinum 5,1–3)

Bellum scripturus sum, quod populus Romanus cum Iugurtha, rege Numidarum, gessit, primum quia magnum et atrox variaque victoria fuit, dehinc quia tunc primum superbiae nobilitatis obviam itum est; quae contentio divina et humana cuncta permiscuit eoque vecordiae processit, ut studiis civilibus bellum atque vastitas Italiae finem faceret.

atrōx, cis: hart, schrecklich
dehinc *Adv.*: dann, hierauf
permiscēre, misceō, miscuī, mixtum: in Unordnung bringen
vēcordia: Wahnsinn
vāstitās, ātis *f.*: Verwüstung, Verödung

Sed prius quam huiusce modi rei initium expedio, pauca supra repetam, quo ad cognoscendum omnia inlustria magis magisque in aperto sint.

–ce: *an Pronomen angehängter demonstrativer Partikel:* hier, da
expedīre: entwirren, darlegen
quō: = ut eō
inlūstria: = illūstria

Catilina

Sallust begründet in der *Coniuratio Catilinae*, seiner zweiten großen Monographie, die Wahl seines Stoffes so:

Igitur de Catilinae coniuratione, quam verissume potero, paucis absolvam; nam id facinus in primis ego memorabile existumo sceleris atque periculi novitate.

Also will ich die Verschwörung des Catilina gegen den Staat möglichst objektiv und mit wenigen Zügen darstellen. Denn ich glaube, dass dieses Ereignis in erster Linie deswegen wert der Erinnerung ist, weil das Verbrechen und die Gefahr für den Staat absolut neuartig waren.

(Sallust, Catilina, 4,3–4)

Sallust-Statue vor dem österreichischen Parlament in Wien.

1 (a) Wie begründet Sallust die Wahl seines Themas? Zitieren Sie lateinisch. – (b) Informieren Sie sich in einem Geschichtsbuch oder im Internet über die Bedeutung des Krieges gegen Jugurtha. – (c) Erläutern und vergleichen Sie Ihre Ergebnisse.

2 (a) An welcher Stelle weist Sallust über die Zeit des Jugurthakrieges hinaus? Zitieren Sie lateinisch und interpretieren Sie Sallusts Äußerungen. – (b) Was meint er konkret?

3 (a) Wie begründet Sallust die Wahl des Themas seiner zweiten Monographie? – (b) Vergleichen und deuten Sie die Begründungen für beide Geschichtswerke. – (c) Versetzen Sie sich in die Rolle eines römischen Buchhändlers, der Sallusts Werke gelesen hat. Entwerfen Sie vor dem Hintergrund der beiden Texte einen Werbeprospekt, mit dem Sie dem Leser einen Vorgeschmack auf Sallusts Geschichtsschreibung geben.

2 Herkunft Jugurthas

(Sallust, Bellum Iugurthinum 5,4–7)

Bello Punico secundo, quo dux Carthaginiensium Hannibal post magnitudinem nominis Romani Italiae opes maxume attriverat, Masinissa, rex Numidarum, in amicitiam receptus a P. Scipione, quoi postea Africano cognomen ex virtute fuit, multa et praeclara rei militaris facinora fecerat.

maxumē: = maximē
atterere, terō, trīvī, trītum: schwächen, erschöpfen
quoi: = cui
cōgnōmen, minis *n.*: Beiname

Ob quae victis Carthaginiensibus et capto Syphace, quoius in Africa magnum atque late imperium valuit, populus Romanus, quascumque urbis et agros manu ceperat, regi dono dedit. Igitur amicitia Masinissae bona atque honesta nobis permansit. Sed imperi vitaeque eius finis idem fuit. Dein Micipsa filius regnum solus obtinuit Mastanabale et Gulussa fratribus morbo absumptis. Is Adherbalem et Hiempsalem ex sese genuit Iugurthamque, filium Mastanabalis fratris, quem Masinissa, quod ortus ex concubina erat, privatum dereliquerat, eodem cultu quo liberos suos domi habuit.

quōius: = cuius
lātus: breit, weithin
urbīs: = urbēs
imperī: = imperiī
absūmere, sūmō, sūmpsī, sūmptum: verbrauchen, vergehen
sēsē: *verstärktes* sē
gignere, gignō, genuī, genitum: (er)zeugen, gebären
concubīna: Konkubine
prīvātus: *hier:* ohne ihn an der Macht zu beteiligen
dērelinquere, relinquō, relīquī, relictum: im Stich lassen, hinterlassen
cultus, ūs *m.*: Erziehung, Ausbildung

1 Wie charakterisiert Sallust Masinissa? Zitieren Sie lateinisch.

2 (a) Welche Aussagen über Jugurtha macht der Text? Zitieren Sie lateinisch. – (b) In welche Richtungen könnte sich Jugurthas Charakter entwickeln?

3 Erstellen Sie aus dem Textabschnitt einen Stammbaum des numidischen Königshauses und veranschaulichen Sie sich so die verwandtschaftlichen Beziehungen.

4 Die Tabelle nennt für Sallust typische Stilmittel. (a) Legen Sie die Tabelle in Ihrem Heft an und sammeln Sie aus allen Textabschnitten Beispiele. – (b) Welche Wirkung sollen diese Stilmittel auf den Leser haben?

Zum Stil des Sallust

Gravitas	Brevitas	Variatio	Archaismen	Gräzismen

Porträtbüste, die als Hannibal gedeutet wird, ca. 200 v. Chr. Nationalmuseum Neapel.

Amicitia

Unter dem Begriff *amicitia* zwischen zwei Staaten verstanden die Römer ein friedliches Zusammenleben, das durch keinen besonderen Vertrag begründet wurde, sondern eher formlos durch jede Art des nichtfeindlichen Zusammentreffens entstand; de facto bedeutete es Ausgangspunkt für jede nähere vertragliche Bindung.
Mit einem *foedus* erkannte der römische Staat die Souveränität des Vertragspartners an und regelte das Verhältnis der beiden Vertragspartner in einzelnen Fragen. Man unterschied *foedus aequum* und *foedus iniquum*: Beim *foedus aequum* handelte es sich um eine Art Freundschaftsvertrag, in dem oft gegenseitige Waffenhilfe oder Handelsbestimmungen geregelt wurden; im *foedus iniquum* erkannte der andere Vertragspartner die Oberhoheit Roms an.
Amicus populi Romani war ein Ehrentitel, der entweder vom Senat oder vom Volk verliehen wurde; diese Ehrung konnten entweder fremde Staaten oder auch einzelne nicht-römische Persönlichkeiten (z. B. der Sequanerfürst Catamantaloedes [Caesar, *bellum Gallicum* 1,3,4], der Suebenfürst Ariovist [Caesar, bellum Gallicum 1,35,2], der Galaterkönig Deiotarus [Cicero, *pro rege Deiotaro* 8–10]) erhalten, die sich um die römische Sache besonders verdient gemacht haben.
Eine Liste der Freunde (*formula sociorum et amicorum populi Romani*) wurde im Fides-Tempel auf dem Kapitol aufbewahrt.

3 Jugurthas Charakter

(Sallust, Bellum Iugurthinum 6,1–3)

Qui ubi primum adolevit, pollens viribus, decora facie, sed multo maxume ingenio validus, non se luxu neque inertiae corrumpundum dedit, sed, uti mos gentis illius est, equitare, iaculari, cursu cum aequalibus certare et, quom omnis gloria anteiret, omnibus tamen carus esse; ad hoc pleraque tempora in venando agere, leonem atque alias feras primus aut in primis ferire: plurimum facere, minimum ipse de se loqui.

adolēscere, adolēscō, adolēvī, adultum: heranwachsen
pollēre, pollēo: (viel) vermögen, *in etw.* stark sein
decōrus: schön, anmutig
faciēs, ēī *f.*: Gestalt, Gesicht
maxumē: = maximē
luxus, ūs *m.*: Ausschweifung
luxū: *Dativ*
inertia: Untätigkeit, Trägheit
corrumpundum: corrumpendum
utī: = ut
equitāre...esse: *historische Infinitive*
equitāre: reiten
iaculārī: Speer werfen
aequālis, is *m.*: der Gleichaltrige
quom: = cum
omnīs: = omnēs
anteīre, eō aliquem aliquā rē: jemanden in einer Sache übertreffen
vēnārī: jagen
leō, ōnis *m.*: Löwe
fera: wildes Tier
ferīre: schlagen, erlegen

Quibus rebus Micipsa tametsi initio laetus fuerat, existumans virtutem Iugurthae regno suo gloriae fore, tamen, postquam hominem adulescentem exacta sua aetate et parvis liberis magis magisque crescere intellegit, vehementer eo negotio permotus multa cum animo suo volvebat. Terrebat eum natura mortalium avida imperi et praeceps ad explendam animi cupidinem, praeterea opportunitas suae liberorumque aetatis, quae etiam mediocris viros spe praedae transvorsos agit, ad hoc studia Numidarum in Iugurtham accensa, ex quibus, si talem virum dolis interfecisset, ne qua seditio aut bellum oriretur, anxius erat.

exīstumāns: = exīstimāns
fore: = futūrum, am, um esse
exigere, igō, ēgī, āctum: (Zeiträume) zurücklegen, durchleben
permovēre, moveō, mōvī, mōtum: stark bewegen
avidus alicuius reī: (be)gierig nach einer Sache
imperī: = imperiī
explēre, pleō, plēvī, plētum: erfüllen, ausfüllen
cupīdō, dinis *f.*: Begierde
opportūnitās, ātis *f.*: günstige Gelegenheit
mediocrīs: = mediocrēs
trānsvorsus: = trānsversus
aliquem trānsversum agere: jemanden vom rechten Weg abbringen
accendere, cendō, cendī, cēnsum: in Brand setzen, entflammen
dolus: List
sēditiō, ōnis *f.*: Aufstand, Zwist
anxius, nē + *Konj.*: besorgt, dass

Catilina

Lucius Catilina, von adeliger Abstammung, hatte große Geistes- und Körperkraft, aber einen schlechten und missratenen Charakter. Von früher Jugend an ergötzte er sich an inneren Kriegen, Morden, Raubzügen, Zwietracht unter Bürgern – und darin übte er sich auch als erwachsener Mann. Sein Körper war unempfindlich gegenüber Hunger, Kälte und Schlafentzug: Wer es nicht erlebte, hätte dies nicht geglaubt. Sein Geist war verwegen, heimtückisch, unberechenbar, er gab vor oder leugnete, was immer einer wollte, er war auf Fremdes aus, mit seinem Eignen verschwenderisch und er glühte in den Begierden. Er besaß genügend Beredsamkeit, wenig Weisheit. Sein schrankenloser Geist begehrte immer Maßloses, Unglaubliches, allzu Hohes.
(Sallust, Catilina 5,1–5)

Über die Natur des Menschen

Alle Menschen, die danach streben, den anderen Lebewesen voranzustehen, sollten mit aller Kraft danach streben, das Leben nicht in Stille zu verbringen wie das Vieh, das die Natur nach vorne geneigt und dem Fressen ergeben gebildet hat. All unsere Kraft liegt im Geistigen und im Körper: Wir gebrauchen dabei den Geist für die Herrschaft, den Körper zum Dienen. Der Geist verbindet uns mit den Göttern, der Körper mit den Tieren. Deswegen erscheint es mir sinnvoller – zumal unser Leben kurz ist –, Ruhm eher mit den geistigen als mit den körperlichen Kräften zu suchen und eine möglichst lange Erinnerung an uns zu erwerben. Denn der Ruhm von Schönheit und Reichtum ist vergänglich, die Tugend hingegen wird für bedeutend und dauerhaft gehalten. [...] Aber viele Menschen sind nur dem Bauch und dem Schlaf ergeben, durchlaufen ihr Leben ungebildet und roh wie unbeteiligte Wanderer. Ihnen dient gegen den Willen der Natur ihr Leib zur Befriedigung ihrer Lüste, ihren Geist aber sehen sie als Last. Ihr Leben beurteile ich so wie ihren Tod, da man ja über beides besser schweigt. Nur der scheint mir wirklich zu leben und sein Leben auszukosten, der sich für eine Aufgabe einsetzt und den Ruhm für eine herausragende Tat oder ein gutes Können sucht.
(Sallust, Catilina 1,1–4; 2, 8–9)

1 (a) Wie beschreibt Sallust Jugurtha? Zitieren Sie lateinisch. – (b) Wie charakterisiert Micipsa seinen Neffen? – (c) Wie kommt Micipsa zu seinem Urteil? – (d) Zeigen Sie, wie Sallust den Leser in seinem Sinne lenkt.

2 (a) Wie charakterisiert Sallust Catilina, die Hauptperson seiner zweiten Monographie? – (b) Vergleichen Sie die Darstellung von Jugurtha und Catilina und nennen Sie Gemeinsamkeiten und Unterschiede.

3 (a) Welches Menschenbild zeichnet Sallust? Ziehen Sie zum vorliegenden Text auch die Passage aus dem *Catilina* heran. – (b) Stimmen Sie Sallusts Menschenbild zu oder vertreten Sie eine andere Meinung? Begründen Sie.

4 Vervollständigen Sie die Tabelle zum Stil des Sallust.

4 Maßnahmen Micipsas

(Sallust, Bellum Iugurthinum 7,1–4)

His difficultatibus circumventus ubi videt neque per vim neque insidiis opprimi posse hominem tam acceptum popularibus, quod erat Iugurtha manu promptus et adpetens gloriae militaris, statuit eum obiectare periculis et eo modo fortunam temptare.

difficultās, ātis *f.*: Schwierigkeit
videt: *Subjekt ist Micipsa*
populāris, is *m.*: Landsmann, Mitbürger
adpetēns: = appetēns
obiectāre: entgegenwerfen, preisgeben

Igitur bello Numantino Micipsa, quom populo Romano equitum atque peditum auxilia mitteret, sperans vel ostentando virtutem vel hostium saevitia facile eum occasurum, praefecit Numidis, quos in Hispaniam mittebat.
Sed ea res longe aliter, ac ratus erat, evenit.

quom: = cum
ostentāre: (wiederholt, auffällig) hinhalten, darbieten
saevitia: Härte, Grausamkeit
occidere, cidō, cidī, cāsum: niederfallen, im Kampf fallen
praeficere, ficiō, fēcī, fectum aliquem alicui: *jemanden* an die Spitze *von etwas* stellen

Nam Iugurtha, ut erat impigro atque acri ingenio,
ubi naturam P. Scipionis,
qui tum Romanis imperator erat,
et morem hostium cognovit,
multo labore multaque cura,
praeterea modestissume parendo
et saepe obviam eundo periculis
in tantam claritudinem brevi pervenerat,
ut nostris vehementer carus,
Numantinis maxumo terrori esset.

impiger, gra, grum: unermüdlich, eifrig
modestissumē: = modestissimē
modestus: maßvoll, besonnen
clāritūdō, dinis *f.*: Berühmtheit
maxumō: = maximō
terror, ōris *m.*: Schreck(en), Angst

Michael von Albrecht über die *fortuna* bei Sallust

»Nicht der ›allmächtige‹ Zufall, der in allen Dingen herrscht, aber Tugend weder geben noch nehmen kann, sondern *virtus* ist entscheidend. Daher bedeutet es z. B. eine Einschränkung der Leistung des Marius, wenn er seine Siege manchmal dem Zufall verdankt (z. B. *Iug. 94,7 sic forte concreta Mari temeritas gloriam ex culpa invenit*). Das Wechselverhältnis von *fortuna* und *virtus* ist so zu sehen: Sobald die *virtus* nachlässt, beginnt *fortuna* zu wüten. Beide verhalten sich also komplementär zueinander (*Catil.* 10,1). An den zentralen Stellen des Werkes ist *fortuna* Gegenspielerin der *virtus* – manchmal wird der Begriff freilich auch weniger prägnant eingesetzt (z. B. *Catil.* 2,4–6).«

(Michael von Albrecht, Geschichte der römischen Literatur Band 1, 2. verb. u. erw. Auflage, K. G. Saur Verlag, München 1994, S. 361)

1 Was nimmt Sallust mit *his difficultatibus* wieder auf?

2 Welche neuen Informationen erhält der Leser über Jugurtha? Zitieren Sie lateinisch.

3 Wie wird Micipsa in diesem Abschnitt charakterisiert? Ziehen Sie auch die Aussagen aus Text 3 heran.

4 Welche Rolle spielt *fortuna* hier? Ziehen Sie auch den Begleittext heran.

5 Vervollständigen Sie die Tabelle zum Stil des Sallust.

Jugurtha, zeitgenössisches Münzbildnis.

5 Wohlwollende Mahnung des Scipio

(Sallust, Bellum Iugurthinum 8,1–2)

Ea tempestate in exercitu nostro fuere complures novi atque nobiles, quibus divitiae bono honestoque potiores erant, factiosi domi, potentes apud socios, clari magis quam honesti, qui Iugurthae non mediocrem animum pollicitando accendebant, si Micipsa rex occidisset, fore uti solus imperi Numidiae potiretur: in ipso maxumam virtutem, Romae omnia venalia esse.

fuēre: = fuērunt
potior, ius: wichtiger, vorzüglicher
factiōsus: herrschsüchtig
accendere, cendō, cendī, cēnsum: in Brand setzen, entflammen
utī: = ut
imperī: = imperiī
maxumam: = maximam
vēnālis, e: (ver)käuflich

Sed postquam Numantia deleta P. Scipio dimittere auxilia et ipse revorti domum decrevit, donatum atque laudatum magnifice pro contione Iugurtham in praetorium abduxit ibique secreto monuit, ut potius publice quam privatim amicitiam populi Romani coleret neu quibus largiri insuesceret.

revortī: = revertī
māgnificus: großartig
praetōrium: Feldherrnzelt
abdūcere, dūcō, dūxī, ductum: wegführen
sēcrētus, *Adv.:* sēcrētō: geheim, abgesondert
quibus: = aliquibus
largīrī: reichlich schenken
īnsuēscere: sich an etw. gewöhnen

1 (a) Wie beschreibt Sallust die Soldaten des römischen Heeres? Zitieren Sie lateinisch. – (b) Informieren Sie sich, wie das Heer bis 101 v. Chr. organisiert war.

2 Informieren Sie sich über die Stadt Numantia und den Krieg, von dem in diesem Textabschnitt die Rede ist.

3 (a) Wie wird P. Scipio von Sallust dargestellt? – (b) Erklären Sie den Satz *monuit... insuesceret* (Z. 14-16).

4 Vervollständigen Sie die Tabelle zum Stil des Sallust.

6 Scipios Brief an Micipsa

(Sallust, Bellum Iugurthinum 9,3 und 10,6–8)

Scipio schreibt König Micipsa einen Brief, in dem er Jugurtha sehr lobt.

Igitur rex,
ubi ea, quae fama acceperat,
ex litteris imperatoris ita esse cognovit,
quom virtute tum gratia viri permotus
flexit animum suom
et Iugurtham beneficiis vincere aggressus est
statimque eum adoptavit
et testamento pariter cum filiis heredem instituit.

imperatōris: *gemeint ist Scipio*
quom: = cum
permovēre, moveō, mōvī, mōtum: stark bewegen, erregen
suom: = suum
adoptāre: adoptieren
testāmentum: Testament
hērēs, hērēdis *m.* und *f.*: Erbe, Erbin

Kurz vor seinem Tod hält Micipsa eine Rede an seine Freunde und Söhne; darin lobt er ganz besonders Jugurtha wegen seiner Verdienste und mahnt ihn und seine leiblichen Söhne.

»Equidem ego vobis regnum trado firmum, si boni eritis,
sin mali, imbecillum. Nam concordia parvae res
crescunt, discordia maxumae dilabuntur.

imbēcillus: schwach
discordia: Uneinigkeit, Zwietracht
maxumae: = maximae
dīlābī, lābor, lāpsus sum: zerfallen, verschwinden

Ceterum ante hos te, Iugurtha, qui aetate et sapientia
prior es, ne aliter quid eveniat, providere decet.
Nam in omni certamine qui opulentior est, etiamsi
accipit iniuriam, tamen, quia plus potest, facere videtur.

cēterum *Adv.*: aber, im übrigen
quid: = aliquid
decet, decuit: es ziemt sich, es gehört sich
opulentus: reich, stark

Vos autem, Adherbal et Hiempsal, colite, observate
talem hunc virum, imitamini virtutem et enitimini,
ne ego meliores liberos sumpsisse videar quam genuisse.«

observāre: beobachten, schätzen
imitārī: nachahmen
ēnītī: sich anstrengen, sich bemühen
gignere, gignō, genuī, genitum: (er)zeugen

Über das Ziel einer Rede

Jede Rede verfolgt einen bestimmten Zweck. Man gebraucht die Rede als Mittel, um ein bestimmtes Publikum zu beeinflussen. Die Rede eines Politikers im Parlament zielt z. B. darauf ab, für seine Pläne die Unterstützung der Abgeordneten zu gewinnen. Der Vortrag eines Hochschuldozenten will seine Zuhörer belehren.
Was allen Rednern gemeinsam ist: Sie wollen unter allen Umständen eine bestimmte Überzeugung beim Zuhörer herstellen und ihn so im eigenen Sinne lenken. Dabei glaubt der Redner über die Sache Klarheit zu besitzen. Er will durch die Rede die Zuhörer zur Übereinstimmung leiten.
Der große Rhetoriklehrer des ersten Jahrhunderts n. Chr. Quintilian definiert Rhetorik als *ars bene dicendi* (*institutio oratoria* 2,17,37). Was man dabei unter *bene* zu verstehen hat, kann man bei Cicero nachlesen: *Primum oratoris officium esse dicere ad persuadendum accomodate* (Die erste Aufgabe des Redners ist es passend zu reden, um zu überzeugen; *de oratore* 1,138).
Der Redner hat sein Ziel dann erreicht, wenn zwischen dem Publikum und dem Redner Einmütigkeit über den Gegenstand herrscht, wenn also der Redner seine Ansicht zur allgemeinen hat machen können.

1 (a) Was bewirkt den Sinneswandel Micipsas? Zitieren Sie lateinisch. – (b) Welche konkreten Maßnahmen ergreift der König? Zitieren Sie lateinisch. – (c) Wie überzeugt scheint Micipsa zu sein? Achten Sie vor allem auf die Wortwahl *Iugurtham beneficiis vincere aggressus est.*

2 (a) Gliedern Sie die Rede des Königs und geben Sie den einzelnen Abschnitten kurze Überschriften. – (b) Wie unterstützt der Stil den Inhalt? – (c) Welche Absicht verfolgt Micipsa mit seiner Rede? Ziehen Sie auch den Begleittext heran.

3 Sallust schrieb das *Bellum Iugurthinum* 40 v. Chr. Wie hätte ein römischer Leser diese Rede auf die eigene Zeitgeschichte beziehen können?

4 Vervollständigen Sie die Tabelle zum Stil des Sallust.

7 Sinneswandel Jugurthas

(Sallust, Bellum Iugurthinum 11,5–9)

Kurze Zeit später stirbt König Micipsa. Nach der Bestattung kommen die Großen des Reiches zusammen, um Rat zu halten. Bei dieser Gelegenheit zeigt Hiempsal deutlich seine Verachtung für Jugurtha.

Ibi quom multa de administrando imperio dissererent, Iugurtha inter alias res iacit oportere quinquenni consulta et decreta omnia rescindi; nam per ea tempora confectum annis Micipsam parum animo valuisse.

quom: = cum
dissererent: *Subjekt sind Hiempsal, Adherbal und Jugurtha*
disserere, serō, seruī, sertum: erörtern, besprechen
ibī: *gemeint ist auf der Ratsversammlung*
quīnquennium: Zeitraum von fünf Jahren
quīnquennī: = quīnquenniī
cōnsultum: Beschluss
dēcrētum: Beschluss, Entscheidung
rescindere: zerreißen, ungültig machen

Tum idem Hiempsal placere sibi respondit: nam ipsum illum tribus proxumis annis adoptatione in regnum pervenisse. Quod verbum in pectus Iugurthae altius, quam quisquam ratus erat, descendit.

proxumīs: = proximīs
adoptātiō, ōnis *f.*: Adoption

Itaque ex eo tempore ira et metu anxius moliri, parare atque ea modo cum animo habere, quibus Hiempsal per dolum caperetur.
Quae ubi tardius procedunt neque lenitur animus ferox, statuit quovis modo inceptum perficere.

anxius: ängstlich, besorgt
mōlīrī … habēre: *historische Infinitive*
mōlīrī: in Bewegung setzen
lēnīre, lēniō, lēnīvī, lēnītum: besänftigen, beschwichtigen
inceptum: das Vorhaben, Unternehmen

1 (a) Welches Interesse verfolgt Jugurtha auf der Ratsversammlung? Zitieren Sie lateinisch. – (b) Wie formuliert er sein Anliegen? Achten Sie auf die Wortwahl. Welche Rückschlüsse kann man auf seinen Charakter ziehen?

2 (a) Welches Interesse leitet Hiempsal? – (b) Wie formuliert er seine Antwort an Jugurtha?

3 Erklären Sie die Formulierung *Itaque ex eo tempore ira et metu anxius* (Z. 10).

4 (a) Welche Charaktereigenschaften Jugurthas werden in diesem Abschnitt deutlich? – (b) Vergleichen Sie die Darstellung mit den bisher gelesenen Texten, wie Sallust ihn beschrieb und wie Micipsa ihn bewertete. – (c) Erklären Sie Ihre Ergebnisse.

5 Vervollständigen Sie die Tabelle zum Stil des Sallust.

8 Ganz Numidien in Jugurthas Händen

(Sallust, Bellum Iugurthinum 13,5–6 und 16,1–2)

Nach der Ratsversammlung wird Hiempsal durch eine List Jugurthas ermordet. Diese Tat spaltet die Numidier: Die Mehrheit folgt Adherbal, die Kriegserfahrenen schließen sich Jugurtha an. Noch während zum Krieg gerüstet wird, schickt Adherbal Legaten nach Rom, um den Senat zu informieren. Jugurtha siegt über Adherbal, der nach Rom flieht.

Tum Iugurtha patratis consiliis,
postquam omni Numidia potiebatur,
in otio facinus suom cum animo reputans
timere populum Romanum
neque advorsus iram eius usquam
nisi in avaritia nobilitatis et pecunia sua spem habere.

Itaque paucis diebus cum auro et argento multo Romam legatos mittit, quis praecipit, primum uti veteres amicos muneribus expleant, deinde novos acquirant, postremo, quaecumque possint, largiundo parare ne cunctentur.

patrāre: vollbringen, vollenden
suom: = suum
reputāre: erwägen, überdenken
advorsus: = adversus
timēre ... habēre: *historische Infinitive*
usquam *Adv.*: irgendwo
quis: = quibus
utī: = ut
acquīrere: hinzugewinnen
largiundō: = largiendō
cūnctārī: zögern, zaudern

Jugurthas Aktionen verlaufen in seinem Sinne; ein Großteil des Senats ist ihm wohlgesonnen. In einer Senatssitzung appelliert Adherbal an die Verantwortung des römischen Volkes ihm gegenüber und bittet gegen Jugurtha um Hilfe. Die Legaten Jugurthas hingegen stellen die Sache anders dar: Hiempsal sei wegen seiner Grausamkeit ermordert worden und der eigentliche Aggressor in Numidien heiße Adherbal. Der Senat ist gespalten.

Vicit tamen in senatu pars illa, quae vero pretium aut gratiam anteferebat.
Decretum fit, uti decem legati regnum, quod Micipsa obtinuerat, inter Iugurtham et Adherbalem dividerent.

vērum: das Wahre, das Rechte
anteferre aliquid alicui: etwas einer Sache vorziehen

Fresko von Cesare Maccari.

1 Wie beurteilt Jugurtha die Haltung des römischen Volkes, wie die der Nobilität? Erklären Sie.

2 (a) Welche Maßnahmen ergreift Jugurtha in dieser Situation? Zitieren Sie lateinisch. – (b) Halten Sie diese Maßnahmen für Erfolg versprechend? Begründen Sie.

3 Vervollständigen Sie die Tabelle zum Stil des Sallust.

9 Jugurthas Krieg gegen Adherbal

(Sallust, Bellum Iugurthinum 20,1–8)

Obwohl mit Lucius Opimius ein Befürworter der Position Adherbals diese Gesandtschaft anführt, erhält Jugurtha bei der Reichsteilung den besseren Teil des Reiches. In unverschämter Weise hatte Jugurtha römische Beamten bestochen und so eine für ihn günstigere Ausgangssituation geschaffen.

Postquam diviso regno legati Africa decessere
et Iugurtha contra timorem animi
praemia sceleris adeptum sese videt,
certum esse ratus,
quod ex amicis apud Numantiam acceperat,
omnia Romae venalia esse,
simul et illorum pollicitationibus accensus,
quos paulo ante muneribus expleverat,
in regnum Adherbalis animum intendit.

dēcessēre: dēcessērunt
vēnālis, e: (ver)käuflich
pollicitātiō, ōnis *f.*: das Versprechen

Ipse acer, bellicosus; at is, quem petebat, quietus, inbellis, placido ingenio, opportunus iniuriae, metuens magis quam metuendus.

bellicōsus: kriegerisch, kampflustig
inbellis, e: unkriegerisch, dem Krieg abgeneigt
placidus: sanft, friedlich

Igitur ex improviso finis eius cum magna manu invadit, multos mortalis cum pecore atque alia praeda capit, aedificia incendit, pleraque loca hostiliter cum equitatu accedit, deinde, cum omni multitudine in regnum suom convortit, existimans Adherbalem dolore permotum iniurias suas manu vindicaturum eamque rem belli causam fore.

ex imprōvīsō *Adv.*: unvermutet
fīnīs: = fīnēs
invādere, vādō, vāsī, vāsum: hineingehen, eindringen
mortālīs: = mortālēs
aedificium: Gebäude
hostīlis, e: feindlich
suom: = suum
convortere: = convertere
convertere, vertō, vertī, versum: hinwenden, umwenden

At ille, quod neque se parem armis existumabat et amicitia populi Romani magis quam Numidis fretus erat, legatos ad Iugurtham de iniuriis questum misit. Qui tametsi contumeliosa dicta rettulerant, prius tamen omnia pati decrevit quam bellum sumere, quia temptatum antea secus cesserat. Neque eo magis cupido Iugurthae minuebatur, quippe qui totum eius regnum animo iam invaserat.

exīstumābat: = exīstimābat
frētus aliquā rē: vertrauend auf eine Sache
contumēliōsus: schmachvoll, schmählich
dictum: Wort
quippe qui: der ja, da er ja

Itaque non, uti antea, cum praedatoria manu, sed magno exercitu comparato bellum gerere coepit et aperte totius Numidiae imperium petere.

utī: = ut
praedātōrius: beutemachend, räuberisch
apertus: offen, offenkundig

Ceterum, qua pergebat, urbis agros vastare, praedas agere, suis animum, hostibus terrorem augere.

urbīs: = urbēs
vāstāre ... augēre: *historische Infinitive*
vāstāre: verwüsten

Bellum iustum

Die Kriege sind ungerecht, die man ohne Grund unternimmt. Denn ein gerechter Krieg kann nur geführt werden zur Rache oder um die Feinde zurückzutreiben. Ein Krieg kann nur dann für gerecht gehalten werden, wenn er angesagt und erklärt und wenn vorher das vom Feind geraubte Eigentum zurückgefordert wurde.
(Cicero, De re publica 3,35)

1 (a) Was bewegt Jugurtha, einen Krieg gegen Adherbal zu beginnen? Zitieren Sie lateinisch. – (b) Welche Verantwortung trägt Rom für diesen Krieg?

2 Wie charakterisiert Sallust Jugurtha, wie Adherbal?

3 (a) Wie verhält sich Jugurtha zu Beginn des Krieges? Stellen Sie alle Verbinformationen und Bewertungen durch Sallust zusammen und bedenken Sie, welche Wirkung beabsichtigt ist. – (b) Agiert Adherbal so, wie Jugurtha es will? Erklären Sie, was ihn leitet. – (c) Welche Strategie scheint Ihnen auf kurze bzw. auf lange Sicht erfolgreicher zu sein? Begründen Sie.

4 (a) Informieren Sie sich, was Cicero unter einem »gerechten Krieg« versteht. Handelt es sich Ihrer Meinung nach in dem im Text beschriebenen Krieg um einen »gerechten Krieg«? – (b) Kann es »gerechte Kriege« Ihrer Ansicht nach überhaupt geben? Begründen Sie Ihre Meinung.

5 Jugurtha am Ziel seiner Wünsche! Zeichnen Sie aus den Texten 1–9 seinen rasanten Aufstieg nach. Nennen Sie auch jeweils die Person oder Gruppe, die ihn begünstigte, und die Motive für diese Unterstützung.

6 Vervollständigen Sie die Tabelle zum Stil des Sallust.

10 Politisch-moralischer Verfall in Rom

(Sallust, Bellum Iugurthinum 41,1–10)

Adherbal rüstet notgedrungen zum Krieg, kann sich aber gegen Jugurthas Übermacht nicht zur Wehr setzen und wird, nachdem er in Gefangenschaft geraten ist, von Jugurtha ermordet. Der nun folgende Krieg Roms gegen Jugurtha ist vor allem dadurch geprägt, dass er sich durch erfolgreiche Bestechungen Jugurthas immer weiter in die Länge zieht. Als diese Korruptionen in Rom bekannt werden, empört sich das Volk gegen die Nobilität; diverse Volkstribune wiegeln das Volk auf und erreichen eine Untersuchung gegen die korrupten Beamten. Hass gegenüber der Nobilität macht sich breit. Dies veranlasst Sallust zu einem Exkurs über die Parteien in Rom.

Ceterum mos partium et factionum ac deinde omnium malarum artium paucis ante annis Romae ortus est otio atque abundantia earum rerum, quae prima mortales ducunt.

factiō, ōnis *f.*: Partei
abundantia: Überfluss

Nam ante Carthaginem deletam populus et senatus Romanus placide modesteque inter se rem publicam tractabant, neque gloriae neque dominationis certamen inter civis erat: metus hostilis in bonis artibus civitatem retinebat.

dominātiō, ōnis *f.*: Herrschaft
cīvīs: = cīvēs
metus hostīlis: Furcht vor dem Feind

Sed ubi illa formido mentibus decessit, scilicet ea, quae res secundae amant, lascivia atque superbia incessere.

formīdō, inis *f.*: Furcht, Schrecken
lascīvia: Zügellosigkeit, Ausgelassenheit
incessēre: = incessērunt
incēdere, cēdō, cessī, cessum: einherschreiten, eintreten

Ita quod in advorsis rebus optaverant otium, postquam adepti sunt, asperius acerbiusque fuit.

advorsīs: = adversīs

Namque coepere nobilitas dignitatem, populus libertatem in lubidinem vortere, sibi quisque ducere trahere rapere. Ita omnia in duas partis abstracta sunt, res publica, quae media fuerat, dilacerata.

coepēre: = coepērunt
lubīdinem: = libīdinem
vortere: = vertere
ducere ... rapere: *historische Infinitive*
partīs: = partēs
abstrahere, trahō, trāxī, tractum: wegziehen
dīlacerāre: zerreißen, zerfleischen

Ceterum nobilitas factione magis pollebat, plebis vis soluta atque dispersa in multitudine minus poterat.

solūtus: aufgelöst, locker
dispergere, spergō, spersī, spersum: zerstreuen

Paucorum arbitrio belli domique agitabatur; penes eosdem aerarium, provinciae, magistratus, gloriae triumphique erant; populus militia atque inopia urgebatur; praedas bellicas imperatores cum paucis diripiebant:

arbitrium: Belieben, freie Entscheidung
penes aliquem: im Besitz von jemandem
aerārium: Staatskasse
triumphus: Triumph
bellicus: zum Krieg gehörig, Kriegs–
dīripere, ripiō, ripuī, reptum: wegzerren, entreißen

interea parentes aut parvi liberi militum, uti quisque potentiori confinis erat, sedibus pellebantur.

utī: = ut
cōnfīnis, is *m.*: Grenznachbar

Ita cum potentia avaritia sine modo modestiaque invadere, polluere et vastare omnia, nihil pensi neque sancti habere, quoad semet ipsa praecipitavit.

modestia: Mäßigung, Bescheidenheit
invādere ... vāstāre: *historische Infinitive*
polluere: besudeln
pēnsus: erwägenswert, (ge)wichtig
-met: *Suffix zur Betonung eines Pronomens*
praecipitāre: kopfüber hinabstürzen

Nam ubi primum ex nobilitate reperti sunt, qui veram gloriam iniustae potentiae anteponerent, moveri civitas et dissensio civilis quasi permixtio terrae oriri coepit.

iniūstus: ungerecht
antepōnere, pōnō, posuī, positum: den Vorzug geben, vorziehen
dissēnsiō, ōnis *f.*: Meinungsverschiedenheit
permixtiō, ōnis *f.*: Aufruhr, Verwirrung

1 Das Jahr 146 v. Chr. mit der Zerstörung Karthagos gilt Sallust als Wendepunkt in der römischen Geschichte. (a) Wie beschreibt er die Zeit vor 146 v. Chr.? Zitieren Sie lateinisch. – (b) Informieren Sie sich über die wirkliche Bedeutung der Zerstörung Karthagos.

2 (a) Wie verändert sich die Gesellschaft nach 146 v. Chr.? – (b) Welches Verhalten legt die Nobilität, welches das Volk an den Tag? Zitieren Sie lateinisch. – (c) Erläutern Sie den Satz *namque ... vortere* (Z. 12 f.).

3 *Interea parentes ... pellebantur* (Z. 22 f.) beschreibt, wie das Proletariat entstanden ist. (a) Erklären Sie, wie es dazu kommen konnte und welche Wirkung es hatte. – (b) Der römische Satiredichter Juvenal, der im 1. Jahrhundert n. Chr. lebte, nannte *panem et circenses* (*sat.* 10,81) als politischen Leitsatz römischer Kaiser. Erklären Sie. – (c) Inwiefern hat dieses Prinzip zeitlose Gültigkeit?

4 Ergreift Sallust Ihrer Meinung nach Partei? Begründen Sie.

5 Wie unterstützt die stilistische Ausgestaltung des Abschnitts den Inhalt?

6 Vervollständigen Sie die Tabelle zum Stil des Sallust.

11 Innenpolitische Krise

(Sallust, Bellum Iugurthinum 42,1–4)

Nam postquam Ti. et C. Gracchus,
quorum maiores Punico atque aliis bellis
multum rei publicae addiderant,
vindicare plebem in libertatem
et paucorum scelera patefacere coepere,
nobilitas noxia atque eo perculsa modo per socios
ac nomen Latinum,
interdum per equites Romanos,
quos spes societatis a plebe dimoverat,
Gracchorum actionibus obviam ierat
et primo Tiberium,
dein paucos post annos eadem ingredientem Gaium,
tribunum alterum,
alterum triumvirum coloniis deducendis,
cum M. Fulvio Flacco ferro necaverat.

patefacere, faciō, fēcī, factum: (er)öffnen, aufdecken
coepēre: = coepērunt
noxius: schuldig
percellere, cellō, culī, culsum: niederschmettern
dīmovēre, moveō, mōvī, mōtum: trennen
āctiō, ōnis *f.*: Handlung, Tätigkeit

triumvir, virī *m.*: Triumvir, *Mitglied eines Dreimännerkollegiums*
colōnia: Kolonie, Niederlassung
necāre: töten

Et sane Gracchis cupidine victoriae haud satis moderatus animus fuit. Sed bono vinci satius est quam malo more iniuriam vincere.

moderātus: maßvoll, besonnen

Igitur ea victoria nobilitas ex lubidine sua usa multos mortalis ferro aut fuga exstinxit plusque in reliquom sibi timoris quam potentiae addidit. Quae res plerumque magnas civitates pessum dedit, dum alteri alteros vincere quovis modo et victos acerbius ulcisci volunt. Sed de studiis partium et omnis civitatis moribus si singillatim aut pro magnitudine parem disserere, tempus quam res maturius me deseret.

lubīdine: = libīdine
mortālīs: = mortālēs
reliquom: = reliquum
pessum dare: zugrunde richten, verderben
ulcīscī, ulcīscor, ultus sum: strafen, sich für etwas rächen
singillātim *Adv.*: einzeln, im einzelnen

Der Althistoriker Ronald Syme über diese Zeit

»Innerhalb der römischen Verfassung gab es neben dem Konsulat noch ein anderes Mittel der Macht: das Tribunat. Es war ein anomales (= von der Regel abweichendes) historisches Überbleibsel, dem die Partei der Gracchen neues Leben eingehaucht und das sie in ein Werkzeug direkten politischen Handelns verwandelt hatte: im negativen Sinne durch das Veto und im positiven durch die Gesetzesinitiative.

Der Gebrauch dieser Waffe im Interesse von Reformen oder persönlichen Ehrgeizes wurde zum Kennzeichen der Politiker, die für sich den Namen *populares* beanspruchten. Oft waren es böse und betrügerische Männer, nicht besser als ihre Rivalen, die die Macht innehatten und infolgedessen die ehrwürdige Scheinautorität des Senats anriefen. Dennoch gab es in den Reihen der *populares* einige wenige aufrichtige Reformer, Feinde der Misswirtschaft und der Korruption, liberal in ihren Anschauungen und in ihrer Politik. Aber das Tribunat konnte auch von aristokratischen Demagogen für konservative Zwecke missbraucht werden.

Eugène Guillaume. Bronzeplastik in der Form eines antiken Kenotaphs (1853); Paris, Musée d'Orsay.

Mit den Gracchen brachen alle Folgen der Weltherrschaft – sozialer, wirtschaftlicher und politischer Art – über den römischen Staat herein und eröffneten ein Jahrhundert der Revolutionen. Die traditionellen Fehden der Adelsfamilien hörten nicht auf, sondern wurden noch verschärft durch den weitgehend auf Wirtschaftsinteressen beruhenden Parteihader, den Klassenkampf und die Auseinandersetzungen zwischen den militärischen Führern.«

(Ronald Syme, Die römische Revolution. Aus dem Englischen von Friedrich Wilhelm Eschweiler und Hans Georg Degen. Herausgegeben und mit einem Nachwort von Werner Dahlheim, München, Zürich 1992, S. 22)

1 Erschließen Sie den Text, indem Sie markieren, was der Leser (a) über die Nobilität, – (b) über die Gracchen erfährt. – (c) Wie bewertet Ronald Syme die Rolle der Gracchen?

2 *Coloniis deducendis* umschreibt knapp, welche Reform die Gracchen durchführen wollten. (a) Informieren Sie sich, wieso eine solche Reform nötig war, was die Gracchen konkret planten und warum sie scheiterten. – (b) Jahre später unternahm Marius ebenfalls einen Reformversuch. Informieren Sie sich auch hierüber und vergleichen Sie die beiden Reformansätze.

3 Im Text wird die gesellschaftliche Gruppierung der *equites* genannt. Welche Rolle spielte sie innerhalb des römischen Staates?

4 Sallust lässt häufig Sentenzen einfließen. (a) Was möchte er mit *Quae res ... volunt* (Z. 21-23) im konkreten römischen Fall verdeutlichen? – (b) Kennen Sie historische Beispiele, auf die diese Sentenz ebenfalls passt? Erläutern Sie.

5 Vervollständigen Sie die Tabelle zum Stil des Sallust.

12 Erfolgreiches Eingreifen Roms gegen Jugurtha

(Sallust, Bellum Iugurthinum 86,1– 87,3)

Quintus Metellus, ein unbestechlicher Vertreter der Nobilität, erhält den Oberbefehl gegen Jugurtha und schwächt ihn so sehr, dass Jugurtha zu seinem Schwiegervater Bocchus fliehen muss. In den Kämpfen tut sich der General Marius, ein Vertreter der Popularen, maßgeblich hervor. Er bewirbt sich in Rom um das Konsulat und hält in der Volksversammlung eine Rede, in der er für sich wirbt und die Missstände geißelt, die in der Nobilität herrschen. Er wird gewählt und erhält nun den Oberbefehl im Krieg gegen Jugurtha.

Huiusce modi oratione habita Marius, postquam plebis animos arrectos videt, propere commeatu, stipendio, armis aliisque utilibus navis onerat, cum his A. Manlium legatum proficisci iubet. Ipse interea milites scribere, non more maiorum neque ex classibus, sed uti quoiusque lubido erat, capite censos plerosque.

–ce: *an Pronomen angehängter demonstrativer Partikel*
ōrātiōne habitā: *gemeint ist die Rede vor der Volksversammlung*
arrigere, rigō, rēxī, rēctum: anfeuern, aufrichten
properus: eilend, eilig
commeātus, ūs *m.*: Proviant
stīpendium: Sold
nāvīs: = nāvēs
onerāre: beladen
scrībere: *historischer Infinitiv*
scrībere: = cōnscrībere: (Soldaten) ausheben
classis: *hier:* Vermögensklasse
utī: = ut
quōiusque: = cūiusque
lubīdō: = libīdō
capite cēnsī: Vertreter der (nach Köpfen gezählten) untersten, ärmsten Bürgerklasse

Id factum alii inopia bonorum, alii per ambitionem consulis memorabant, quod ab eo genere celebratus auctusque erat et homini potentiam quaerenti egentissimus quisque opportunissimus, quoi neque sua cara, quippe quae nulla sunt, et omnia cum pretio honesta videntur.

egentissumus: = egentissimus
egēns, egentis: bedürftig, sehr arm
opportūnissumus: = opportūnissimus
quoi: = cui
quippe quae: die ja

Igitur Marius cum aliquanto maiore numero, quam decretum erat, in Africam profectus paucis diebus Uticam advehitur.

advehī, vehor, vectus sum: heranfahren

Exercitus ei traditur a P. Rutilio legato; nam Metellus conspectum Mari fugerat, ne videret ea, quae audita animus tolerare nequiverat.

nequīre, queō, quīvī, quitum: nicht können

Sed consul expletis legionibus cohortibusque auxiliariis in agrum fertilem et praeda onustum proficiscitur, omnia ibi capta militibus donat; dein castella et oppida natura et viris parum munita aggreditur, proelia multa, ceterum levia, alia aliis locis facere.

cohortēs auxiliāriae: Hilfstruppen
fertilis, e: fruchtbar
onustus praedā: beutereich
castellum: Kastell, Festung

Interim novi milites sine metu pugnae adesse, videre fugientis capi aut occidi, fortissumum quemque tutissumum, armis libertatem patriam, parentisque et alia omnia tegi, gloriam atque divitias quaeri.

adesse... vidēre: *historische Infinitive*
fugientīs: = fugientēs
fortissumum: = fortissimum
tūtissumum: = tūtissimum
parentīs: = parentēs

Sic brevi spatio novi veteresque coaluere, et virtus omnium aequalis facta.

coaluēre: = coaluērunt
coalēscere, alēscō, aluī, alitum: zusammenwachsen
aequālis, e: gleich

Marius gelingt es mit tatkräftiger Unterstützung seines Generals Sulla den Krieg zu beenden.

1 (a) Wie wird Marius in den Zeilen 1–7 beschrieben? Zitieren Sie lateinisch. – (b) Inwiefern unterstützt der Stil den Inhalt?

2 (a) Wie wird die Heeresreform des Marius dargestellt? Zitieren Sie lateinisch. – (b) Welche Bewertung erfährt diese Reform durch Sallust, – (c) welche durch andere?

3 Erklären Sie das Verhalten des Metellus.

4 (a) Durch welche Aktionen zeichnet sich Marius in Afrika aus? Zitieren Sie lateinisch. – (b) Wie unterstützt die stilistische Ausgestaltung den Inhalt?

5 (a) Vervollständigen Sie die Tabelle zum Stil des Sallust. – (b) Welche Wirkung auf den Leser haben die einzelnen Stilmittel? Erklären Sie und ziehen Sie Textbeispiele heran, um Ihre Aussage zu belegen.

13 Jugurthas Gefangennahme und Tod

(Sallust, Bellum Iugurthinum 113,5–7; 114,3)

Nach zähen Verhandlungen erklärt Bocchus sich bereit, seinen Schwiegersohn lebend an Rom auszuliefern.

Deinde, ubi dies advenit et ei nuntiatum est Iugurtham haud procul abesse, cum paucis amicis et quaestore nostro quasi obvius honoris causa procedit in tumulum facillumum visu insidiantibus.

advenīre, veniō, vēnī, ventum: (her)ankommen
ei: *gemeint ist Bocchus*
quaestor, ōris *m.*: Quästor
obvius: entgegenkommend
tumulus: Hügel
vīsus, ūs *m.*: das Sehen, (An-)Blick
īnsidiārī: im Hinterhalt liegen, auflauern

Eodem Numida cum plerisque necessariis suis inermis, uti dictum erat, accedit, ac statim signo dato undique simul ex insidiis invaditur.

eōdem *Adv.*: ebendorthin
Numida: *gemeint ist Jugurtha*
inermis, e: unbewaffnet, wehrlos

Ceteri obtruncati, Iugurtha Sullae vinctus traditur et ab eo ad Marium deductus est. Sed postquam bellum in Numidia confectum et Iugurtham Romam vinctum adduci nuntiatum est, Marius consul absens factus est, et ei decreta provincia Gallia, isque Kalendis Ianuariis magna gloria consul triumphavit.

obtruncāre: niedermetzeln
vincīre, vinciō, vinxī, vinctum: fesseln
Kalendīs Iānuāriīs: an den Kalenden des Januar, *d.h.* am 1.1.
triumphāre: einen Triumph halten

(Livius, epitome 67)

In triumpho C. Mari ductus ante currum eius Iugurtha cum duobus filiis et in carcere necatus est.

currus, ūs *m.*: (Triumph-)Wagen
carcer, eris *m.*: Kerker, Gefängnis

Mamertinischer Kerker, in dem Jugurtha vor seiner Hinrichtung in Rom gefangen gehalten wurde.

1 Wie bewertet Sallust die Gefangennahme Jugurthas? Zitieren Sie lateinisch.

2 Inwiefern deutet sich schon hier der spätere Konflikt zwischen Marius und Sulla an?

Eigennamenverzeichnis

Adherbal, balis *m.*: Adherbal, ältester Sohn des Königs Micipsa, wurde 118 v. Chr. nach dem Tod seines Vaters zusammen mit seinem Bruder Hiempsal und seinem Vetter Jugurtha Erbe von Numidien; bei der Teilung des Landes 115 v. Chr. erhielt er Ostnumidien; von Jugurtha angegriffen, wurde er 112 v. Chr. getötet.
Africa: Afrika
Africanus: der Afrikaner, Beiname des P. Scipio, den er für seine militärische Leistung in Nordafrika erhielt.

Carthaginiensis, is *m.*: der Karthager
Carthago, ginis *f.*: Karthago, Stadt in Nordafrika

M. Fulvius Flaccus: Konsul des Jahres 125 v. Chr.; weil er Anhänger der Gracchen war, wurde er ermordet.

Gallia: Gallien
C. Gracchus: wurde 121 v. Chr. ermordet, weil er als Volkstribun durch Reformen die innenpolitische Krise überwinden wollte.
Tib. Gracchus: versuchte 133 v. Chr. als Volkstribun durch eine Agrarreform die wirtschaftliche und soziale Lage in Rom zu verbessern; er wurde 132 v. Chr. ermordet.
Gulussa, ae *m.*: zweiter Sohn des Massinissa; er war zusammen mit seinem Bruder Micipsa und Mastanabal ab 149 v. Chr. König von Numidien und unterstützte Rom gegen Karthago; er starb 118 v. Chr.

Hannibal, balis *m.*: karthagischer Feldherr, der im Zweiten Punischen Krieg den Römern empfindliche Niederlagen beibrachte, nach langen Jahren des Krieges aber Rom unterlag und sich 183 v. Chr. das Leben nahm, als er an Rom ausgeliefert werden sollte.
Hiempsal, alis *m.*: Sohn Micipsas, wurde von seinem Vater zusammen mit seinem Bruder Hiempsal und seinem Vetter Jugurtha zum Erben von Numidien eingesetzt; nach der Teilung des Königreiches wurde Hiempsal 117 v. Chr. von Jugurtha ermordet.
Hispania: Spanien

Italia: Italien
Iugurtha, ae *m.*: Sohn des Mastanabal und Enkel des Massinissa; wurde 118 v. Chr. mit Hiempsal und Adherbal zum Erben von Numidien eingesetzt; seine beiden Miterben ließ er aus dem Weg räumen und führte Krieg gegen Rom; 104 v. Chr. wurde Jugurtha an Rom ausgeliefert und nach dem Triumphzug erdrosselt.

Latinus: der Latiner, Bewohner des Landes nördlich von Rom

A. Manlius: Legat des Marius, zeichnete sich im Krieg gegen Jugurtha aus.

Marius: lebte 157–86 v. Chr. und siegte 106 über Jugurtha, 102 über die Teutonen, 101 über die Kimbern; er war Führer der Volkspartei und Gegner des Sulla; zwischen 107 und 86 v. Chr. war er siebenmal Konsul.
Massinissa, ae *m.*: König von Numidien, lebte ca. 240–148 v. Chr.; er kämpfte an Roms Seite gegen Karthago; er war der Großvater von Jugurtha.
Mastanabal, balis *m.*: jüngster Sohn des Massinissa; nach dessen Tod regierte er mit seinen Brüdern Micipsa und Gulussa über Numidien; er starb früh und hinterließ zwei Söhne, Gauda und Jugurtha.
Q. Caec. Metellus Numidicus: Konsul 109 v. Chr.; übernahm als Prokonsul den Krieg gegen Jugurtha; nach etlichen Erfolgen musste er den Oberbefehl an seinen Nachfolger C. Marius übergeben, den er als überzeugter Optimat ablehnte.
Micipsa, ae *m.*: ältester Sohn des Massinissa, von dem er 148 v. Chr. die Herrschaft übernahm, die er mit seinen Brüdern teilte; er starb 118 v. Chr.

Numantia: Stadt im nordöstlichen Spanien, 133 v. Chr. vom jüngeren Scipio Africanus zerstört
Numantinus: numantinisch, zur nordspanischen Stadt Numantia gehörig, der Numantiner
Numida, ae *m.*: der Numidier, Bewohner von Numidien
Numidia: Numidien, Land westlich und südlich von Karthago

Punicus: punisch, karthagisch, der Karthager

P. Rutilius Rufus: Konsul 105 v. Chr.; trug ab 109 v. Chr. als Legat des Metellus zu wesentlichen Siegen über Jugurtha bei.

P. Scipio, onis *m.*: etwa 185–129 v. Chr.; eroberte Karthago und Numantia.
Syphax, acis *m.*: König in Westnumidien, Gegner des Massinissa und der Römer im Zweiten Punischen Krieg; starb 201 v. Chr.

Utica: Stadt nordwestlich von Karthago

Lernvokabeln

A

abstrahere, trahō, trāxī, tractum	wegziehen
accendere, cendō, cendī, cēnsum	in Brand setzen, entflammen
adolēscere, adolēscō, adolēvī, adultum	heranwachsen
advenīre, veniō, vēnī, ventum	(her)ankommen
aedificium	Gebäude
aequālis, is *m.*	der Gleichaltrige
antepōnere, pōnō, posuī, positum	den Vorzug geben, vorziehen
anxius, nē + *Konj.*	besorgt, dass
anxius	ängstlich, besorgt
apertus	offen, offenkundig
arbitrium	Belieben, freie Entscheidung
atrōx, cis	hart, schrecklich
avidus alicuius reī	(be)gierig nach einer Sache

B

bellicōsus	kriegerisch, kampflustig
bellicus	zum Krieg gehörig, Kriegs–

C

carcer, eris *m.*	Kerker, Gefängnis
castellum	Kastell, Festung
cēterum *Adv.*	aber, im übrigen
cōgnōmen, minis *n.*	Beiname
colōnia	Kolonie, Niederlassung
commeātus, ūs *m.*	Proviant
cōnsultum	Beschluss
convertere, vertō, vertī, versum	hinwenden, umwenden
cultus, ūs *m.*	Erziehung, Ausbildung
cūnctārī	zögern, zaudern
cupīdō, dinis *f.*	Begierde
currus, ūs *m.*	(Triumph-) Wagen

D

decet, decuit	es ziemt sich, es gehört sich
decōrus	schön, anmutig
dēcrētum	Beschluss, Entscheidung
difficultās, ātis *f.*	Schwierigkeit
dīlābī, lābor, lāpsus sum	zerfallen, verschwinden
dīripere, ripiō, ripuī, reptum	wegzerren, entreißen
discordia	Uneinigkeit, Zwietracht
dispergere, spergō, spersī, spersum	zerstreuen
disserere, serō, seruī, sertum	erörtern, besprechen
dolus	List
dominātiō, ōnis *f.*	Herrschaft

E

ex imprōvīsō *Adv.*	unvermutet
exigere, igō, ēgī, āctum	(Zeiträume) zurücklegen, durchleben
expedīre	entwirren, darlegen
explēre, pleō, plēvī, plētum	erfüllen, ausfüllen

F

faciēs, ēī *f.*	Gestalt, Gesicht
factiō, ōnis *f.*	Partei
ferīre	schlagen, erlegen
fore	= futūrum, am, um esse

G

gignere, gignō, genuī, genitum	(er)zeugen, gebären

H

hērēs, hērēdis *m.* und *f.*	Erbe, Erbin

I

imitārī	nachahmen
incēdere, cēdō, cessī, cessum	einherschreiten, eintreten
inermis, e	unbewaffnet, wehrlos
inertia	Untätigkeit, Trägheit
iniūstus	ungerecht
invādere, vādō, vāsī, vāsum	hineingehen, eindringen

L

largīrī	reichlich schenken
lascīvia	Zügellosigkeit, Ausgelassenheit
lātus	breit, weithin
lēnīre, lēniō, lēnīvī, lēnītum	besänftigen, beschwichtigen
leō, ōnis *m.*	Löwe

M

māgnificus	großartig
moderātus	maßvoll, besonnen
modestia	Mäßigung, Bescheidenheit
modestus	maßvoll, besonnen
mōlīrī	in Bewegung setzen

N

necāre	töten
nequīre, queō, quīvī, quitum	nicht können

O

observāre	beobachten, schätzen
obvius	entgegenkommend
occidere, cidō, cidī, cāsum	niederfallen, im Kampf fallen
onerāre	beladen
onustus praedā	beutereich
opulentus	reich, stark
ostentāre	(wiederholt, auffällig) hinhalten, darbieten

P

patefacere, faciō, fēcī, factum	(er)öffnen, aufdecken
permovēre, moveō, mōvī, mōtum	stark bewegen
placidus	sanft, friedlich
pollēre, pollēo	(viel) vermögen, *in etw.* stark sein
populāris, is *m.*	Landsmann, Mitbürger
potior, ius	wichtiger, vorzüglicher
praecipitāre	kopfüber hinabstürzen
praeficere, ficiō, fēcī, fectum aliquem alicui	*jemanden* an die Spitze *von etwas* stellen
praetōrium	Feldherrnzelt

Q

quaestor, ōris *m.*	Quästor

S

sēcrētus, *Adv.:* sēcrētō	geheim, abgesondert
sēditiō, ōnis *f.*	Aufstand, Zwist
solūtus	aufgelöst, locker
stīpendium	Sold

T

terror, ōris *m.*	Schreck(en), Angst
triumphāre	einen Triumph halten
triumphus	Triumph
tumulus	Hügel

U

ulcīscī, ulcīscor, ultus sum	strafen, sich für etwas rächen

V

vāstāre	verwüsten
vēnārī	jagen
vincīre, vinciō, vinxī, vinctum	fesseln